CATALOGUE

D'UNE COLLECTION

D'EAUX-FORTES

MODERNES

Lithographies par

DAUBIGNY, CH. JACQUE, LEYS, MILLET, MÉRYON, TH. ROUSSEAU,
SEYMOUR HADEN, ETC.

DESSINS ANCIENS ET MODERNES

LIVRES ILLUSTRES

dont la vente aux enchères publiques aura lieu

Hôtel des commissaires-priseurs, rue Drouot, 5

SALLE N° 4

Les vendredi 13 et samedi 14 décembre 1878

à une heure et demie.

Par le ministère de M° **MAURICE DELESTRE**, commissaire-priseur

27, RUE DROUOT

Assisté de **MM. DANLOS.** Fils et **DELISLE**, marchands d'estampes

15, QUAI MALAQUAIS.

EXPOSITION PUBLIQUE

LE JEUDI 12 DÉCEMBRE 1878, DE 2 HEURES A 5 HEURES.

CONDITIONS DE LA VENTE

Elle sera faite au comptant.

Les acquéreurs paieront cinq pour cent en sus des enchères.

MM. Danlos fils et Delisle, chargés de la vente, se réservent la faculté de rassembler ou de diviser les lots.

ORDRE DES VACATIONS

Première vacation. . .	13 *décembre.*	N°s 1 à 175.
Deuxième vacation . .	14 *décembre.*	176 à 310.

La Collection que nous présentons aujourd'hui offre un ensemble très-intéressant des œuvres de nos maîtres contemporains. Les *raretés* dont elle se compose, études ou dessins originaux, eaux-fortes de différents états, en superbes épreuves choisies et imprimées sur papiers spéciaux, méritent l'attention des connaisseurs. Il suffira de signaler surtout :

J.-F. MILLET (série des plus complètes et en différents états de ses eaux-fortes; études à la pierre noire et à la plume).

Th. ROUSSEAU (eaux-fortes et études au crayon et à la plume).

DECAMPS (études à la pierre noire).

MÉRYON (eaux-fortes en différents états).

LEYS (belle série de ses eaux-fortes en premiers états).

SEYMOUR HADEN (plusieurs épreuves d'essai).

Enfin, BRACQUEMOND, DAUBIGNY, J. JACQUEMART, Ch. JACQUE, JONGKIND, etc., etc., sont aussi représentés par une bonne partie de leurs œuvres.

[illegible]
[illegible]
[illegible]
[illegible]
[illegible]
[illegible]
[illegible]

[illegible]
[illegible]
[illegible]

[illegible]
[illegible]
[illegible]
[illegible]
[illegible]
[illegible]
[illegible]
[illegible]
[illegible]

DÉSIGNATION

EAUX-FORTES

APPIAN et autres.

1. Eaux-fortes, seize pièces.

BONVIN (Fr.)

2. Eaux-fortes, 1860-1862. Douze pièces.
   Premières épreuves; quatre sont imprimées sur du vieux papier.

BRACQUEMOND (F.)

3. Perdrix. — Margot la critique. Cinq pièces.
   Premières épreuves.

4. Le Haut d'un battant de porte. — Margot la critique. — Le Corbeau, Sarcelles, etc. Huit pièces.

CALAMATTA (L. et autres)

5. Portraits de G. Sand, Alf. de Musset par Pollet, Rachel par H. Dupont. Sept pièces.

CHAUVEL (T.)

6. Paysages et vues gravés à l'eau-forte. Dix-sept pièces.

COROT (J.-B.-C.)

7. Souvenir d'Italie. — Arbres au pied d'un coteau. — Paysages. Dix pièces.

Premières épreuves, tirées sur différents papiers.

DECAMPS (A.-G.)

8. Un Corps de garde turc. — L'Anier. — Le Gardeur de porcs. — Les deux Chiens. Quatre pièces.

9. Caricatures. — Les Mendiants. — Une rencontre. — Jeune mère et son enfant. — Défaite des Cimbres. — Croquis par divers artistes, etc. Trente-deux pièces.

DECAMPS (d'après)

10. Son portrait par Gavarni, sujets pour l'Artiste, Bassets, etc. Douze pièces.

DAUBIGNY (Ch.)

11. Le grand Parc à moutons.

Première épreuve avant le nom de Daubigny, sur chine.

12. La même pièce.

Deuxième état, tirée sur papier ancien.

13. La même pièce.

14. La Vendange.

Premier état, avant la lettre.

15. Le Gué.

Premier état, avant la lettre, tirée sur papier ancien.

16. Paysage avec trois grands arbres.

Première épreuve, avant la lettre.

17. Voyage en bateau. — Croquis à l'eau-forte, 1862. Seize pièces.

Premières épreuves, avant l'adresse de Delâtre ; *le titre* est avant la lettre.

18. La même suite.

Épreuves avec la lettre.

19. Eaux-fortes. Vingt-huit pièces de différents états.
    Très-belles épreuves.

20. Eaux-fortes. Seize pièces.

DAUMIER ET GRANDVILLE

21. Caricatures, Le Charivari, etc. Trois cents pièces.

DELACROIX (E.)

22. Portraits de E. Delacroix par J. Gigoux, en lithographie; reproductions d'après ses tableaux. Vingt pièces.

23. Le Christ au roseau. — Chef maure à Meknez. — Tigre couché. Trois pièces.

24. Œuvre unique à l'eau-forte d'Eugène Delacroix. Six pièces publiées par Cadart et Luquet.
    Première épreuve avant la lettre sur chine volant.

25. Le Faust de Gœthe. Dix-sept pièces. *Lith. de C. Motte.*
    Première édition.

26. Hamlet. Seize sujets dessinés et lithographiés. Paris, 1864.

27. Gœtz de Berlichingen. Quatre pièces lith. et au vernis mou.

28. Hamlet. — Jane Shore. *Lith. de Ch. Motte.* Deux pièces sur chine.
    Belles épreuves.

29. La Fuite du contrebandier. — Le jeune Clifford. — Ivanhoé. Jane Shore. — Nègre à cheval. — Femmes d'Alger. Animaux, etc. Vingt pièces.

30. Médailles de la collection du duc de Blacas. Huit pièces.

31. Différents sujets gravés à l'eau-forte par F. Villot. Dix pièces.

DELATRE (Aug.)

32. Eaux-fortes composées et gravées par Aug. Delatre. Cinquante pièces.

DIAZ (N.)

33. Croquis, sujets pour l'Artiste. Neuf pièces.

EDWARDS.

34. Paysage.
Très-belle épreuve tirée sur papier de Chine.

EVERSHED.

35. Vue prise à Walton sur la Tamise.
Très-belle épreuve tirée sur chine.

FLAMENG (L.)

36. Adoration des bergers. — Deux Pères du désert. — Les Pillards. — La Californie (avec le croquis à la mine de plomb), etc. Sept pièces.

GAVARNI.

37. Sujets pour l'Artiste. Journal des jeunes personnes, etc. Quinze pièces.

GÉRICAULT (Th.)

38. Son portrait, différents sujets. Huit pièces.

GÉROME.

39. Le Grec. — Tête de nègre. Trois pièces.

GOYA (Fr.)

40. **Tauromaquia.** Suite de quarante estampes représentant différentes manières et feintes de l'art de combattre les taureaux ; plus le portrait de Goya, dessiné et gravé par Eug. Loiselet.
Très-belles épreuves.

41. Le Garrot vil.
Deux épreuves dont une coloriée.

42. Ceci est la Vérité. — Aveugle chantant. — Le Joueur de guitare aveuglé. — Fiero monstro. — Le Prisonnier. — L'Homme se balançant, etc. Dix pièces.
Belles épreuves.

43. El famoso Americano Mariano Ceballos. — Le Picador enlevé sur les cornes d'un taureau. — Dibersion de España. — La Division de la place. Quatre pièces lithographiées.
Très-belles épreuves.

GROS (Ant.)

44. Chef de Mameloucks. — Arabe du désert. Deux pièces.
Belles épreuves.

HADEN (F. Seymour)

45. Vue de Calais, 1865.
Très-belle épreuve sur chine.

46. *Egham Lock.*
Première épreuve avec ces mots : *Bon à tirer E. G.*

47. Etudes d'arbres dans les jardins de Kensington.
Très-belle épreuve sur Chine.

48. *Fulham on the Thames.*
Première épreuve sur chine, avec le nom de l'artiste à droite et le mot *Fulham* à gauche.

49. La même estampe.
Épreuve du même état, sur papier ancien.

50. La même estampe.
Deuxième état.

51. L'Habitation de Lord Harrington.
Première épreuve sur papier ancien, avec la signature de l'artiste.

52. Les mains qui gravent.
Épreuve imprimée sur parchemin.

53. *Old Chelsea out of Whistler's Window.* 1863.
Très-belle épreuve.

54. Le Pêcheur à la ligne.
Première épreuve avec la signature de l'artiste.

55. Vue du Port d'Amsterdam.
Première épreuve avant la correction du mot *Haëret*, sur chine.

56. Out of study Window.
Première épreuve, avec autographe.

57. Shere Mill Pond. 1860.
Très-belle épreuve.

58. Thames Ditton. 1864.
Très-belle épreuve.

59. Une rivière en Irlande. 1864.
Première épreuve, avant le nom et la date.

60. La même estampe.
Épreuve avec le nom et la date, avec des retouches au lavis,
de l'artiste.

61. Croquis : arbres et figures.

HUET (PAUL)

62. Paysages. — Marine. Sept pièces.

JACQUEMART (J.)

63. Histoire de la Bibliophilie. Quarante-sept planches.
Paris, Techener. 1861-1864.

64. Histoire artistique, industrielle et commerciale de la
porcelaine. Vingt-six pièces.
Belles épreuves sur chine.

65. Portrait de Bracquemont. — Vase de fleurs. — Nymphe
de Fontainebleau. — Natures mortes. — Etude de
roseaux. Sept pièces.
Premières épreuves.

66. Gemmes et Joyaux de la couronne du Musée du Louvre.
Neuf pièces.
Premières épreuves.

67. Sept Études et compositions de fleurs.
Belles épreuves sur chine.

JACQUES (Ch.)

68. Deux cents pièces de son œuvre, en différents états et épreuves d'essai.

JONGKIND.

69. Cahier de six Eaux-fortes, Vues de Hollande. Paris, 1852, avec titre. Sept pièces.
Belles épreuves.

70. Vues du port de Honfleur. 1864. — Vues de Malines et de Hollande. Six pièces dont trois avant l'inscription.
Belles épreuves.

LALANNE (M.)

71. Démolition pour le percement du boulevard Saint-Germain. — Vue prise du Pont Saint-Michel, à Paris. — Vue des Marmousets. — Vue du Pont-Neuf et du Louvre. Huit pièces.
Premières épreuves, signées de l'artiste.

72. Vues prises à Neuilly. — Vue de parc aux environs de Paris. — Paysage italien. — Paysages. Sept pièces.
Premières épreuves.

73. Chez Victor Hugo. Suite de douze planches. 1864.
Premières épreuves sur chine.

LE GROS (A.)

74. Procession dans une église espagnole. (Cat. de l'œuvre de Le Gros (50.) — Le Chœur d'une église espagnole (50), 2e état. — Les Donneurs d'eau bénite (52), 2e état. — La Communion dans l'église Saint-Médard (54), 1er état. — Le Réfectoire (55), 2e état. — La Mort de saint François (66), 2e état. — Les Chantres espagnols 59), 3e état. — Les Pestiférés de Rome (60). — Les Baigneuses (69). — Les Moines bûcherons (73). — Les Pêcheurs d'écrevisses (74). — Le Manège (75). Douze pièces.

LEMUD (A. DE)

75. Maître Wolfrang. — Enfance de J. Callot, sujets pour l'artiste, etc. Dix-huit pièces.
Belles épreuves.

LEYS (H.)

76. Marguerite à l'église.
Première épreuve avant toutes lettres, sur chine.

77. La Messe à l'épître.
Première épreuve, sur chine.

78. La Promenade hors les murs.
Première épreuve, sur chine.

79. La publication des édits de Charles V à Anvers.
Première épreuve.

80. Luther prêchant.
Première épreuve.

81. Musiciens et soldats.
Première épreuve, sur chine.

82. Une visite chez Plantin à Anvers.
Première épreuve tirée sur chine.

83. L'Intérieur de Luther. — Institution de la Toison d'or.
Deux pièces.
Belles épreuves.

MANET (ED.)

84. Espagnol jouant de la guitare.
Épreuve avant la lettre.

MARILHAT (G.)

85. Place de l'Esbekich, au Caire.
Très-belle épreuve. Rare.

MARILHAT (G. d'après)

86. Vues d'Égypte. Quatorze pièces, par Mouilleron et autres.

MEISSONIER et autres (d'après)

87. Eaux-fortes, lithographies. Douze pièces.

MÉRYON (Ch.)

88. Portrait de Méryon, par L. Flameng.
   Épreuve avant la lettre, sur papier du Japon.

89. Vue de l'ancien Louvre, du côté de la Seine (1651), d'après Zeeman. Pièce publiée par la chalcographie.
   Très-belle épreuve, avant toutes lettres.

90. La même pièce.
   Épreuve avec la lettre.

91. Vue du Collège Henri IV.
   Très-belle épreuve du 2º état avec la mer dans le fond et avec la légende dans la marge à droite.

92. La même pièce.
   Belle épreuve.

93. Bain-froid Chevrier, dit de l'École.
   Très-belle épreuve.

94. Le Ministère de la marine.
   Très-belle épreuve, tirée sur vieux papier.

94 b. La même pièce.
   Épreuve tirée sur parchemin.

95. Les deux cochons (4). — Les deux chevaux (5), d'après K. Dujardin. — Pêcheurs de la mer du Sud (12). 1er et 2e états. Quatre pièces.
   Belles épreuves.

96. Vue du pavillon de Mademoiselle et d'une partie du Louvre, d'après Zeeman (6).
   Très-belle épreuve, sur chine.

97. Château de Chenonceau, d'après Ducerceau (16).
   Très-belle épreuve.

98. Le Pont-Neuf et la Samaritaine de dessous la première arche du Pont-au-Change (18).
   Très-belle épreuve.

99. Plan du combat de Sinope, d'après le dessin d'un officier de navire anglais (20).
Épreuve coloriée.

100. Rue Pirouette aux Halles, 1860 (23).
Très-belle épreuve, sur chine.

101. Chevet de Saint-Martin-sur-Renelle, église paroissiale
supprimée en 1791, d'après P. Langlois (25).
Belle épreuve.

102. Partie de la Cité de Paris, vers la fin du xviiie siècle, sur
la rive gauche de la Seine (27).
Très-belle épreuve.

183. Le grand Châtelet, à Paris, d'après un dessin exécuté
vers 1780 (28).
Très-belle épreuve avant la lettre, sur chine.

104. Armes symboliques de la ville de Paris (33).
Deux épreuves, dont une sur chine.

105. Le Stryge (35).
Deux épreuves dont une sur chine.

106. Le Petit Pont (36).
Deux épreuves.

107. L'Arche du pont Notre-Dame (37).
Très-belle épreuve du 2e état.

108. La même pièce.
Épreuve du même état.

109. La Galerie de Notre-Dame (38).
Très-belle épreuve avant la lettre.

110. La même pièce.
Épreuve avec la lettre.

111. La Tour de l'Horloge (40).
Très-belle épreuve avant la lettre, sur chine.

112. La même pièce.
Épreuve du même état, sur blanc.

113. La même pièce.
Deux épreuves.

114. Tourelle de la rue de Tixeranderie, démolie en 1851 (41).
   Très-belle épreuve du 1er état, sur chine.

115. La même pièce.
   Épreuve du même état, sur blanc.

116. La même pièce.
   Épreuve du 2e état.

117. Saint-Étienne-du-Mont (42).
   Très-belle épreuve, avant la lettre, sur chine.

118. La même pièce.
   Épreuve du même état, sur blanc.

119. La Pompe Notre-Dame (43).
   Deux épreuves.

120. Le Pont-Neuf (45).
   Très-belle épreuve du 3e état, avant le titre.

121. La même pièce.
   Épreuve avec le titre, sur chiné.

122. Le Pont-au-Change (46).
   Très-belle épreuve du 2e état, avant le titre.

123. La Morgue (40).
   Très-belle épreuve du 2e état, sur chine.

124. La même pièce.
   Même état, sur blanc.

125. L'Abside de Notre-Dame de Paris (50).
   Très-belle épreuve du 2e état, avant le titre.

126. La même pièce.
   Épreuve du 3e état.

127. Le Tombeau de Molière (51).
   Très-belle épreuve, sur chine.

128. La même pièce.
   Même état.

129. Adresse de Rochoux (52).
   Belle épreuve.

130. Tourelle de la rue de l'Ecole de Médecine (53).
   Très-belle épreuve du premier état, avant le ciel et différents changements, sur chine.

131. La même pièce.

> Très belle épreuve du troisième état, avant le titre.

132. La même pièce.

> Même état, sur parchemin.

133. Rue des Chantres (54).

> Très-belle épreuve, avant toutes lettres.

134. La Rue des Toiles, à Bourges (56).

> Très-belle épreuve du deuxième état, avant le titre, sur chine.

135. La même pièce.

136. La même pièce.

> Du troisième état.

137. Nouvelle-Calédonie ; grande case indigène sur le chemin de Poëpo (62).

> Belle épreuve.

138. Océanie, Iliots à Uvéa, Pêche aux palmes (63).

> Très-belle épreuve avant toutes lettres.

139. La même pièce.

> Belle épreuve.

140. Nouvelle-Zélande. Presqu'île de Banks, 1845.

> Belle épreuve.

141. J.-L.-M. Bizeul (83).

> Belle épreuve.

MICHELIN (J.)

142. Vingt gravures à l'eau-forte. Paris, Cadart et Luquet.

142 *bis*. Quinze pièces de la suite précédente.

> Premières épreuves, signées de l'artiste.

143. Grands et moyens paysages, gravés à l'eau-forte. Dix pièces.

> Premières épreuves, signées de l'artiste.

144. Paysages, Vingt-neuf pièces gravées à l'eau-forte.

> Premières épreuves, plusieurs avec différences et tirées sur papier de chine.

MILLET (J.-F.)

145. La Cardeuse, 1862. (P.-B. 1.)
Première épreuve, sur papier du Japon.

146. La même pièce.
Première épreuve, sur papier Wathman.

146 bis. La Tricoteuse, 1862. (P. B. 5.)
Premier état, tirée sur papier vergé.

147. La Veillée. (P. B. 1.) Eau-forte sur zing. Planche détruite.
Première épreuve, sur chine.

148. La même pièce.
Première épreuve, sur vieux papier.

149. Les Terrassiers, 1855. (P.-B. 4.)
Troisième état, avec l'adresse de Delâtre, tirée sur chine.

150. La même pièce.
Troisième état, tirée sur papier vergé.

151. La même pièce.
Troisième état, tirée sur parchemin.

152. Les Glaneuses, 1855. (P. B. 5.)
Deuxième état, avec l'adresse de Delâtre, tirée sur chine.

153. La même pièce.
Deuxième état, tirée sur vieux papier.

154. La même pièce.
Troisième état.

155. L'Homme à la brouette, 1855. (P. B. 6.)
Premier état, tirée sur chine.

156. La même pièce.
Premier état, tirée sur vieux papier.

157. La même estampe.
Premier état, tirée sur parchemin.

158. La Femme qui bat le beurre, 1855. (P. B. 7.)
Deuxième état, tirée sur chine.

159. La même pièce.
Deuxième état, tirée sur vieux papier.

160. La même pièce.
Deuxième état, tirée sur parchemin.

161. La Couseuse, 1855. (P. B. 8.)
Premier état, épreuve tirée sur chine.

162. La même pièce.
Premier état, tirée sur papier Wathman.

163. La même pièce.
Premier état, tirée sur parchemin.

164. La Femme faisant manger son enfant, 1861. (P. B. 9.)
Premier état, avant le nom de Millet et la date, tirée sur
VIEUX papier.

165. La même pièce.
Deuxième état, sur papier vergé.

166. Le Départ pour le travail, 1863.
Premier état, avant le nom de Millet, tirée sur papier vergé.
Il n'a été tiré que dix exemplaires en cet état; celui-ci porte le
n° 3 avec dédicace et signature de l'artiste.

167. La même pièce.
Deuxième état, avant l'adresse de Moureaux, tirée sur chine.

168. La même pièce.
Troisième état, tirée sur parchemin.

169. La Gardeuse d'oie, 1863. Pièce gravée à la pointe sèche.
Première épreuve sur chine.

170. La Fileuse, 1868 (pour *Sonnets et eaux-fortes*). Planche
détruite.
Premier état, avant que les bords de la planche aient été nettoyés.

171. La même estampe.
Deuxième état, signée de l'artiste.

172. La Bergère assise. — La Femme versant du lait. Deux
pièces gravées sur bois, par le frère de Millet.

173. Paysan bêchant. — Femme versant du lait. — Le Semeur. — La Mort et le Bûcheron, etc., Dix pièces par
et d'après Millet.

174. Les Travaux des champs.— Les Heures. Quatorze pièces
gravées sur bois, par Layieille.
Épreuves avant la lettre sur chine.

175. Portrait de Olivier de Serres, fac-simile à la plume,
lithographies, etc. Dix pièces.

NIEL (Mlle GABRIELLE)

176. Vues de Paris. Trois pièces à l'eau-forte.
Très-belles épreuves.

O'CONNELL (Mme)

177. Portrait d'homme. — Tête de femme.
Deux pièces avant la lettre.

PRUDHON (P.-P. par et d'après).

178. Enlèvement d'Europe, Vénus et les Amours, Platon, etc.
Sept pièces.

RAFFET (D.-A.-M.)

179. Le Réveil, la Revue ; sujets d'albums. Vingt pièces.

RIDLEY (M. W.)

180. Marines. Trois pièces.

RIBOT (Th.-A.)

181. Son portrait.— Portrait de Cadart. — Un menu. — L'Aide
de cuisine, etc. Huit pièces ; plusieurs avec remarque.

ROPS (F.)

182. Frontispices de livres, vignettes. Quatorze pièces.
Premières épreuves, tirées sur différents papiers.

183. Le Sire de Lumey. — Le Pendu (2 états). — Bon buveur
vidant les pots rien qu'en les regardant (2 états). Six
pièces.

184. Jeune femme méditant. — Croquis. Dix pièces.
   Premières épreuves.

ROUSSEAU (Th.)

185. Le Plateau de Belle - Croix. (Forêt de Fontainebleau)
   1860.
      Première épreuve avec dédicace de Rousseau à Millet.

186. Le Chêne de la Reine Blanche, 1860.
      Épreuve avec dédicace.

187. Le Chêne de Roche, 1861.
      Deuxième état, avant le tirage de la Gazette des Beaux-Arts.

188. La même pièce.
      Deuxième état.

189. La Descente des Vaches des hauts plateaux du Jura,
   d'après son tableau de 1834.
      Épreuve avec dédicace.

190. Les Gorges d'Apremont, 1845.
      Épreuve avec dédicace.

191. Les Gorges d'Apremont, 1848.
      Épreuve avec dédicace.

192. Le Jardin Baudouin, que Th. Rousseau voyait de son
   atelier à Barbizon.

193. Paysage gravé à l'eau-forte.
      Première épreuve, tirée sur vieux papier.

194. Les Pommiers de la Belle Mane, 1868.

195. Les Sources du Lizon (Jura).

196. Arbres sur Roches.
      Fac-simile retouché par Rousseau sur tous les arbres et sur
   les rochers. (Tiré à trois exemplaires.)

SAINT-ÉTIENNE (F. DE)

197. Cahier d'eaux-fortes, 1863.
      Vingt-huit pièces.

VOLLON (ANT.)

198. Le Moulin de la Galette, à Montmartre. — Bateau de
pêcheurs. — Paysages, etc.
Huit pièces, tirées sur papier du Japon et sur chine.

WHISTLER (J.-A.-M.)

199. Portrait de Miss Haden.
Premier état avec la jambe, tiré sur papier ancien. Très-rare.

200. Titre pour une suite de douze eaux-fortes.
Épreuve tirée sur papier bleu.

201. Une rue de Saverne.
Très-belle épreuve, tirée sur papier ancien,

202. Portraits d'artistes et de littérateurs contemporains.
Douze pièces.

203. Eaux-fortes par Chifflard, J. Laurens, Roybet, Veyrassat
et autres. Trente pièces.
Plusieurs épreuves d'essai et avant la lettre.

204. Photographies d'après Raphaël, Léonard de Vinci, etc.
Cent pièces.

ESTAMPES ANCIENNES

CALLOT (J.)

205. Tentation de saint Antoine. — Combat à la barrière,
Onze pièces.

FRAGONARD (J.-H.)

206. L'Armoire.
Très-belle épreuve avant l'adresse de Naudet.

207. Bacchanales. Quatre pièces.

GELLÉE (C.), dit le Lorrain.

208. Vingt-quatre pièces de son Œuvre, gravées à l'eau-forte.
Anciennes épreuves.

209. Griffonnements (R. D. 39-42). Quatre pièces.

MANTEGNA (A.)

210. Éléphants portant des trophées.
Ancienne épreuve.

NORBLIN (P.)

211. Son Œuvre. Quatre-vingt-onze pièces.

REMBRANDT (V.-R.)

212. Son portrait. — Académies. — L'Abreuvoir de la Vache, etc. Quinze pièces.

RUYSDAEL (J.)

213. Le petit Pont. — Les Deux Paysans et leur chien. — La Chaumière au sommet de la colline (B. 1-3). Trois pièces.

214. Sous ce numéro seront vendus plusieurs lots d'Estampes anciennes et modernes.

LIVRES

215. Supplément au Nouveau Théâtre du monde, par A.
      Estienne. *Paris*, 1661, 1 vol. in-4, veau.
      Portraits par Montcornet.

216. Les Hommes illustres qui ont paru en France pendant
      ce siècle, par Charles Perrault. *Paris*, 1696-1700,
      2 vol. in-fol. veau.
      Très-bel exemplaire, avec les portraits de Arnauld et Pascal.

217. Tarsis et Zélie. Fig. de Cochin et Eisen. *Paris, Musier*,
      1774, 6 vol. in-8, veau.

218. Roland furieux, de l'Arioste, édition illustrée de 300 vi-
      gnettes et de 25 planches, tirées à part sur chine, par
      MM. T. Johannot, Baron, Français et C. Nanteuil. *Pa-
      ris*, 1844, 1 vol., gr. in-8.

219. Histoire de Gil Blas de Santillane, par Lesage. Vignettes
      par J. Gigoux. *Paris*, 1835, 1 vol. gr. in-8 cart.

220. L'Ingénieux don Quichotte de la Manche, par Michel
      de Cervantès Saavedra. Vignettes par T. Johannot.
      Paris, Dubochet, 1845, 1 vol. gr. in-8 cart.

221. L'Art de peindre, par Watelet. *Paris*, 1760, 1 vol. in-4,
      veau, fig.

222. Dessins de Léonard de Vinci gravés d'après les origi-
      naux par C.-G. Gerli, 141 fig. *Milan, G. Vallardi*, 1830,
      1 vol. in-fol. cart.

223. Portraits des personnages français les plus illustres du
      xviᵉ siècle reproduits en fac-simile, sur les originaux
      dessinés aux crayons de couleur, par J. Niel. *Paris,
      Lenoir*, 1848, 2 vol. in-fol.

224. Histoire de la Céramique, par A. Jacquemart. 200 figures
sur bois et 12 planches gravées à l'eau-forte par J.
Jacquemart. *Paris, Hachette,* 1873, 1 vol. gr. in-8
cart. tr. dor.

225. Œuvres complètes du Corrège et choix du Parmesan.
Paris, F.-Didot, 1844, 1 vol. in-4, cart. fig. au trait.

226. Chefs - d'œuvre des arts industriels, par Ph. Burty,
édition illustrée de 220 gravures sur bois. *Paris, P.
Ducrocq,* 1 vol. gr. in-8.

227. Vie et Œuvres du Dominiquin, par Landon. *Paris,* 1803-
1805, 3 vol. in-4 cart., fig. avant la lettre.

228. Peintres primitifs, collection de tableaux rapportée
d'Italie par Artaud de Montor. *Paris, Challamel,* 1843,
1 vol. in-4, 70 fig. br.

229. Œuvres complètes de Raphaël Sanzio. *Paris, F.-Didot,*
1844, 4 vol. in-4, cart. fig. au trait.

230. Œuvres complètes de Michel-Ange et choix de Baccio
Bandinelli et de Daniel de Volterre. *Paris, F.-Didot,*
1854, 1 vol. in-4, fig. au trait.

231. Œuvres choisies des Peintres de l'antiquité, précédées
d'une Notice sur la Peinture antique. *Paris, F.-Didot,*
1846, 1 vol. in-4 cart., fig. au trait.

232. Recueil des Œuvres choisies de Jean Cousin, par A. F.-
Didot. *Paris,* 1873. Un album cart. 128 fig. sur 41 pl.

233. La Chapelle de Saint-Ferdinand d'après Ingres, lith. par
P. Sudre. *Paris,* 1846, 31 planches. cart.

234. Fac-simile de dessins et croquis originaux d'après Eug.
Delacroix, par Alfr. Robaut. 83 figures. *Paris,* 1864-
1865, 2 vol. in-fol. cart.

235. Londres et les Anglais, illustrés par Gavarni, texte par
E. de la Bédollière. *Paris, G. Barba,* 1 vol. in-4 br.

236. Historiettes et images, texte par A. de Savigny, illustré
de dessins par Granville, Daumier, etc. *Paris, Aubert,*
1 vol. in-4 br.

237. La Correctionnelle, petites Causes célèbres, études de
mœurs au XIXe siècle, accompagnées de 100 dessins
par Gavarni. *Paris, Martin,* 1840, 1 vol. in-4 br.

238. Chants et Chansons populaires de la France (2e série).
Paris, Garnier frères, 1 vol. in-8 br.

239. Un autre Monde, par Granville, édition illustrée. *Paris, H. Fournier,* 1 vol. grand in-8.

240. Eine Auswahl von Holzschnitten nach Zeichnungen von
Ludwig Richter in Dresden. *Leipzig,,* 1855, 2 vol. in-8
cart. non rog. 307 planches.

241. Album pour l'illustration de Gœthe, par Richter. *Leipzig,*
1857, 1 vol. in-4.

242. Album pour l'illustration de Schiller, par Richter. *Dresde,*
1 vol. in-4.

243. Assemblée nationale comique, par Aug. Lireux, illustrée
par Cham. *Paris, M. Lévy,* 1850, 1 vol. in-4, br.

244. Revue universelle des Arts, publiée par P. Lacroix, 21 vol.
in-8 br.

245. OEuvre de Marc-Antoine Raimondi, reproduit par l'hélio-
gravure, de E. Baldus, 24 pl. in-fol.

246. L'Autographe. Années 1864, 65 et 68. Trois albums br.

DESSINS ANCIENS & MODERNES

BRACQUEMOND (F.)

— 247. Études, Paysages.
Cinq dessins à l'aquarelle, à la plume et au crayon.

BOULANGER (L.)

248. Huit études à l'aquarelle.
249. Dix études à la plume.

CAMBIASI (L.)

250. Sainte Famille. — La Vierge et l'enfant Jésus. Cinq dessins à la plume.

251. Vénus et l'Amour. — Saint Martin, etc. Quatre dessins à la plume.

CARÊME (Ph.)

252. Sacrifice à Priape. A la plume et au bistre.
253. Bacchanale. A la plume, lavé d'indigo.

CHARDIN (J.-B.-S.)

254. Têtes de jeunes filles et de garçons. Six dessins à l'encre de Chine et au bistre.

DAVID et GUÉRIN

255. Sujets pour l'Iliade. — Études. Huit dessins.

DECAMPS (G.)

256. Soleil couchant. — Vue d'Orient. Deux aquarelles.

257. Etudes de paysages en Orient. Six dessins au fusain.
258. Douze études au fusain.

DELACROIX (E.)

259. Trente-quatre croquis et études.

DIAZ (N.)

260. Femme nue endormie. Au crayon noir rehaussé.

ÉCOLE FRANÇAISE

261. Six dessins par Pariseau, Lacour, etc.
262. Cinq études de paysages, par Deshayes, C. Nanteuil et Richard.
263. Dix dessins, par Bonvin, Lazerges, Lacour, Pigal, etc.
264. Douze croquis au crayon, par Beaumont, Raffet, Renaud, Trimolet.

ÉCOLE ITALIENNE

265. Dix dessins, par le Corrège, Solimène, Zuccharo, etc.
266. Quatre dessins, par L. Cambiasi, le Tintoret, etc.
267. Cinq dessins, par Bandinelli, Manozzi, Pesarèze, etc.
268. Six dessins, par Cavallacci, le Parmesan, Fr. Mola, etc.
269. Six dessins, par L. Giordano, Farinatti, etc.
270. Paysage à la plume et à l'encre de Chine. Quatre pièces.

ÉCOLE HOLLANDAISE

270-bis. Paysage à la plume et à l'encre de chine. Quatre pièces.

FEUCHÈRE (J.)

271. Candélabres, bas-reliefs. Cinq dessins.

FLERS

272. Études de paysages, marine. Quatre dessins au crayon, rehaussé.

FRAGONARD (J.-H.)

273. Vénus endormie. Au bistre.

274. Bacchanale. A la plume, lavé de bistre.

275. Pyrame et Thisbé. A la plume et au bistre.

GALLAIT (L.)

276. Croquis, à la plume.

GAMELIN

277. Bacchanale. A la plume, lavé d'encre de Chine.

GOYA (F.)

278. *Le Ropulen* (caricature) en couleur.

GRANDVILLE (J.)

279. Vie privée des Animaux. — Les Cosaques à Paris. Trois dessins à la plume.

HARDING et J. COIGNET

280. Études de paysages. Quatorze dessins.

JACQUE (Ch.)

281. Cour de ferme. A la pierre noire.

JONGKIND

282. Études. — Vues de Hollande. Trois aquarelles.

KOBELL (F.)

283. Paysage avec animaux. En couleur.

LA GRENÉE (H.)

284. Bergers adorant la Vierge et l'enfant Jésus. A la sépia.

LEBRUN (Ch.)

285. Les Muses. Trois dessins à la pierre noire et à l'encre de Chine.

MARILLAT

286. Douze études de paysages. Au crayon noir.

MICHEL

287. Vue d'un parc. En couleur, signé et daté 1777.

MICHELIN (J.)

288. Paysage. Au fusain.

MILLET (J.-F.)

289. La Tricoteuse (gravé à l'eau-forte n° 3). Dessin terminé à la pierre noire.

290. Étude pour la même composition, à la pierre noire.

291. La Veillée (gravé à l'eau-forte n° 2). A la pierre noire.

292. Les Glaneuses (gravé à l'eau-forte n° 5). A la pierre noire.

293. L'Homme à la brouette (gravé à l'eau-forte n° 6). A la pierre noire.

294. Le Semeur. A la plume, signé J.-F. M.

295. Bergers au repos au bord d'un bois. A la pierre noire.

296. Paysanne donnant à manger aux poules. A la pierre noire.

297. Four de Dyane. A la plume, signé.

298. Paysage. A la plume.

299. Études d'arbres. A la pierre noire.

300. La Veillée (trois différents croquis). — Le Matin. — Le Soir. — La Gardeuse de moutons. — La Couseuse. — Croquis. Dix-sept pièces. Sera divisé.

ROUSSEAU (Th.)

301. Étude d'arbres et rochers. Au crayon noir, rehaussé de blanc.

302. Vallée de la Durolle au-dessus de Thiers (Puy-de-Dôme). Au crayon noir.

303. Chute d'eau, à Salins. A la pierre noire.

304. Paysages, étude, croquis. Neuf pièces. Sera divisé.

SCHEFFER (A.)

305. La Douleur. Au crayon, lavé de bistre.

SEMINI (Ant.)

306. Adoration des Mages. A la plume et au bistre.

SIGNOL

307. Six vignettes religieuses. A la sépia et au crayon.

TIEPOLO (D.)

308. Le Couronnement de la Vierge. A la plume, lavé.

TRINQUESSE

309. Le Chiffre d'amour. — Femme assise. Deux études, au crayon noir, rehaussé.

VEYRASSAT et MURRY

310. Paysages. Huit dessins au crayon et à l'aquarelle.

Paris. — Typographie Georges Chamerot, 19, rue des Saints-Pères. — 7491.

SUPPLÉMENT

A LA VENTE DU 14 DÉCEMBRE 1878

DESSINS ANCIENS & MODERNES

ESTAMPES ET LITHOGRAPHIES

ANONYME

1. Mascarade à Venise. A la plume, lavé d'aquarelle.

BENOUVILLE (L.)

2. Italienne. A la mine de plomb.

CHAM

3. Six croquis à la plume.

CHARLET (N.)

4. Vive l'Empereur ! (lithographié). A la mine de plomb ; signé.

COUTURE (Th.)

5. Étude de tête d'homme. Au crayon noir.

DECAMPS (G.)

6. Turc debout une pipe à la main. A la mine de plomb.

DELACROIX (E.)

7. Faust et Wagner. Au crayon noir.

8. Croquis. Trois pièces.

9. Calques. Quatre pièces.

DUPRÉ (J.)

10. Berger gardant son troupeau. Au crayon noir, rehaussé.

DOER (Ch.)

11. Trois études de têtes : hommes et femme. Aux trois crayons.

ÉCOLE HOLLANDAISE

12. Officier à mi-corps. Aux trois crayons.

ÉCOLE ITALIENNE XVIᵉ SIÈCLE

13. Le Christ à la colonne ; au verso deux études de figures. A la plume, rehaussé de blanc.

14. Sainte-Barbe. A la plume, lavé.

ÉCOLE ITALIENNE

15. Quatre dessins, par An. Carrache, le Parmesan, Polydore et Paul Véronèse.

16. Quatre dessins, par Allori, P. de Cortone, etc.

17. Quatre dessins, par Somachino, Andr. del Sarte, etc.

FLANDRIN (H.)

18. Études. Trois dessins à la mine de plomb.

GAVARNI

19. Les Joyaux :

1 La Croix d'or.		Le Rosaire.
2 L'Éventail.		La Perle.
3 Le Saphir.		La Baguette magique.
4 L'Ambre.		La Cassolette.

9 L'Amulette.
10 Le Reliquaire.
11 Le Corail.
12 L'Émeraude.

13 Le Médaillon.
14 La Coupe d'agate.
15 La Topaze.

Les Parures :

16 Le Bouquet.
17 La Fanchon.
18 Le Bracelet.
19 Le Manteau royal.
20 La Ceinture.
21 Le Fichu.
22 Le Manchon.

23 Le Voile.
24 La Barque.
25 Le Châle.
26 La Couronne.
27 La Mantille.
28 Le Collier.
29 La Pèlerine.

Vingt-neuf dessins à plusieurs crayons, rehaussés de gouache, signés et exécutés à Londres (gravés par Geoffroy, pour l'édition de G. de Gonnet).

21. L'Audition. A plusieurs crayons rehaussé de gouache; signé.

HUET (J.-B.)

22. Chèvres au repos. A la sépia.

JOHANNOT (T.)

23. Réunion de quatre personnages. A la sépia.

JONGKIND

24. Vue de Hollande. Au crayon noir.

MARILLAT

25. Étude d'une figure de Turc. A la mine de plomb.

MEISSONIER (J.-A.)

26. Intérieur de palais. A la plume et au bistre.

MONNIER (H.)

27. *Oui, monsieur, si Bonaparte fût resté lieutenant d'artillerie, il serait encore sur le trône.* A la plume.

ROUSSEAU (Th.)

28. Études de paysages. Cinq dessins à la plume.

29. Croquis à la mine de plomb. Dix dessins.

SAINT-AUBIN

30. Étude de deux jeunes femmes. Au crayon noir.

SCHENEAU

31. Étude d'enfant. Au crayon noir lavé.

VERNET (H.)

32. Mameluck. A la mine de plomb, rehaussé.

WILLE (fils)

33. Buste d'homme. Aux trois crayons.

ESTAMPES & LITHOGRAPHIES

SOCIÉTÉ FRANÇAISE DE GRAVURES

34. La Vierge à l'œillet, d'après Raphaël, par Martinet.

    Portrait de femme, d'après Rembrandt, par Danguin.

    L'Abondance, d'après Raphaël, par Didier.

    Le Mariage de sainte Catherine, d'après Memling, par A. François.

    Portrait de Mgr Darboy, d'après H. Lehmann, par Bertinot.

    L'Ame, d'après Proudhon, par Didier.

    Mme de Sévigné, d'après Nanteuil, par Rousseaux.

    L'Amour sacré et l'Amour profane, d'après le Titien, par Jacquet.

    Figure décorative d'enfant nu, d'après Raphaël, par Jacquet.

    Jésus apparaissant à la Madeleine, d'après Lesueur, par Martinet.

    Dix pièces avant la lettre sur chine.

FLAMENG (L.)

35. Le Tasse, dans la maison des fous, d'après Delacroix.

    Première épreuve à l'eau-forte.

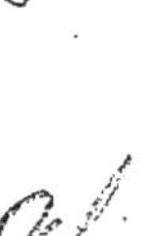

36. La même pièce.
    Épreuve un peu plus travaillée, tirée sur papier du Japon.

37. La même pièce.
    Épreuve terminée avant les noms.

38. La même pièce.
    Épreuves avec les noms.

MICHELIN et autres

39. Eaux-fortes, pièces de la *Gazette des Beaux-Arts*, etc.
    Vingt-six pièces.

CHARLET

40. Le premier Coup de feu, le Commandement ; sujets d'albums. Vingt pièces.

GAVARNI

41. Impressions de ménage ; les Lorettes. Quarante-quatre pièces.

RAFFET

42. Voyage en Russie.
    Quatre-vingt-sept planches avant la lettre sur chine.

43. Sujets d'albums, etc. Vingt pièces.

BRAUN

44. Photographies d'après les anciens maîtres italiens. Quarante-huit pièces.

Paris. — Typographie Georges Chamerot, 19, rue des Saints-Pères. — 7491.